AF340235

LE

SUFFRAGE UNIVERSEL

ET LA

PROPRIÉTÉ

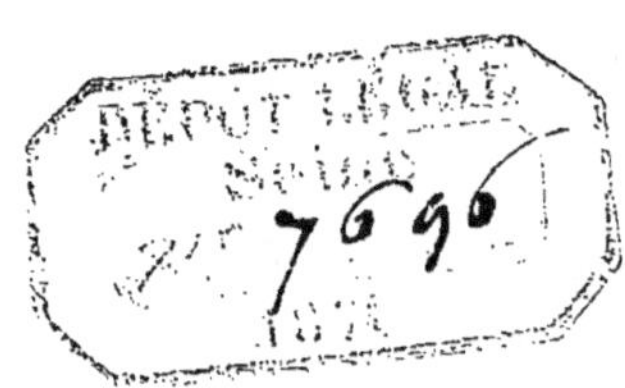

PARIS

F. DENTU, LIBRAIRE-ÉDITEUR

Palais-Royal, 17-19, Galerie d'Orléans

—

1874

LE
SUFFRAGE UNIVERSEL
ET LA PROPRIÉTÉ

Lorsqu'on cherche à se rendre compte des causes de division qui, trop souvent en France arment certaines classes de citoyens contre les autres, on arrive bientôt à reconnaître que ces causes ne sont pas au fond très différentes de celles qui, dans tous les temps et chez tous les peuples, ont précipité et précipiteront toujours, si l'on n'y prend garde, ceux qui ne possèdent rien sur ceux qui possèdent. Quand ces irruptions ont lieu de peuples à peuples, comme les Gaulois contre Rome, comme les Germains contre les Gaulois et comme les Austrasiens contre les Neustriens, pour ne parler que de notre Europe, elles prennent le caractère de guerres nationales; quand elles se produisent dans le sein d'une même nation, elles s'appellent des guerres civiles. Tant que l'esclavage exista à Rome, qui enlevait toute espèce de droits, même civils, à une grande partie de la population, et tant que Rome put distribuer à la plèbe les territoires qu'elle avait conquis, Rome put, saine et sauve, éluder le grand et terrible problème qui, à trois époques, s'était déjà posé devant elle, sous les noms de Cléon, de Salvius et de Spartacus, mais qui, n'étant posé que par des esclaves qui ne comptaient pas, ne fit entrevoir de solution que dans l'effusion de leur sang. Mais quand, à bout de fatigues, de guerres et de conquêtes, elle n'eut plus de terres à partager ; quand la plèbe, qui ne cultivait guère, eut vendu celles qu'elle avait reçues ; quand enfin il n'y eut plus entre la plèbe et le prolétariat, entre le prolétariat et les esclaves qu'une seule différence, la liberté, la liberté qui, perdant de sa valeur sous les Empereurs, s'infiltrait peu à peu chez ceux qui jusqu'alors en avaient été dépourvus, la décadence de Rome commença. — En d'autres termes, tant que les *citoyens* de Rome, tant que ceux qui, de près ou de loin, participaient à la chose publique et contribuaient à la rédaction des lois, furent propriétaires, la prospérité de Rome fut assurée et elle put soumettre les autres peuples ; elle cessa lorsque ses citoyens cessèrent de posséder ou lorsque ceux qui ne possédaient rien devinrent citoyens. Ils n'eurent plus autant de force contre les esclaves, souvent même ils s'unirent à eux et hâtèrent leur affranchissement.

L'avènement de toutes les classes aux droits de citoyen était cependant juste ; le christianisme venait de le proclamer, et si cet acte de justice tourna à la ruine de Rome, c'est, il est du moins permis de le déduire de ce qui précède, qu'elle ne leur donna point en même temps ce qui avait fait sa sécurité contre ces classes elles-mêmes, et ce qui au fond, était l'objet de leur poursuite autant que la liberté pour elle-même.

Rome vaincue en Gaule, les Gaulois ne changèrent rien à sa politique, et le problème, toujours présent, ne fit que se transformer. Il en eût peut-être été autrement si l'on veut bien admettre qu'il y ait en effet un certain rapport entre la liberté et la propriété, entre la propriété et la sécurité, et si les Gaulois eussent été laissés à eux-mêmes et à leurs institutions. Il n'est pas défendu de croire que leur attention se fût alors appliquée à cette question qui d'ailleurs s'imposait d'elle-même, et l'eût, avec la logique qui était un des traits les plus saillants de leur esprit, comme elle l'est encore de l'esprit français, résolue d'une façon plus conforme à ses données. Malheureusement pour la civilisation, les attaques incessantes des Germains attiraient nos préoccupations d'un autre côté, et leurs invasions ne firent que jeter le désordre et l'incohérence dans une situation dont il n'est pas dit encore une fois, que sans eux, nous ne serions pas sortis. Les seigneurs, les vassaux et les serfs remplacèrent peu à peu les anciennes classes de Rome et la question, suspendue, oubliée pendant les guerres, pendant cette longue période de guerres qui embrasèrent les cinquième, sixième, septième, huitième et neuvième siècles, n'avança pas beaucoup plus quand la féodalité fut définitivement établie. Seulement, les attaques de ceux qui n'avaient rien recommencent contre ceux qui avaient tout. A peine créée, la féodalité est battue en brèche par les bourgeois, par les colons et par les serfs, sans parler du roi qui les soutient. Les uns et les autres réclament cependant des choses en apparence bien différentes : ceux-ci le droit de propriété, ceux-là leurs libertés. Tous s'allient comme autrefois à Rome les prolétaires et les esclaves, comme s'ils pressentaient que leurs succès dussent être solidaires. Enfin ce régime succombe et le douzième siècle voit en même temps que l'affranchissement des communes, un défrichement inouï jusque-là de forêts et de terres incultes. Ainsi, dans cet élan vers la liberté qui emporte tout le monde, la pensée de chacun se tourne cependant vers la propriété, comme si elle devait être la meilleure garantie de la liberté ; et l'on peut dire que de cette époque jusqu'au seizième siècle, pas une émancipation n'eut lieu qui ne fût suivie d'un mouvement vers la propriété. Aussi les seigneurs sentent toutes les atteintes qu'on leur porte, qu'on porte à leurs droits, qu'on porte à leurs biens qu'ils ne peuvent plus aussi facilement conserver et qui leur échappent pour devenir, grâce aux libertés nouvelles, les biens de plus actifs et de plus laborieux. Ils le sentent et se défendent. D'un autre côté, ces châteaux qui ne peuvent s'édifier et se soutenir que par la grande propriété, les serfs sentent qu'ils excluent le plus grand nombre de la propriété, qu'ils les en excluent et les retiendront plus longtemps serfs des grands propriétaires, ils le sentent et les attaquent. De là la Jacquerie. Ils les détruisent et les brûlent s'alliant aux bourgeois des villes.

Les bourgeois et les jacques succombent en même temps. La révolution est vaincue, et on reprend aveuglément la suite des choses. On continue les affranchissements, mais on n'a pas encore reconnu qu'il y eût aucune connexion entre les affranchissements et les revendications de la propriété, et que la révolution que l'on venait de vaincre pouvait n'en être que la conséquence véritable.

Au douzième et au treizième siècles, les villages et les paysans sont affranchis en foule. Au seizième siècle ils sont généralement délivrés. Et cependant au dix-septième siècle on s'aperçoit qu'il y a plus de misères qu'il n'y en avait jamais eu en aucun temps. C'est qu'il était arrivé ceci : Détournés par les guerres du quinzième et du seizième siècles, les paysans contenant leurs aspirations vers la propriété, et les bourgeois, satisfaits des libertés politiques nouvellement conquises, avaient perdu de vue le but qu'ils poursuivaient en commun depuis des siècles ; la féodalité, en perdant ses droits, avait gagné de n'avoir plus de devoirs envers les serfs, et ceux-ci étaient devenus libres, sans pouvoir s'enrichir, sans pouvoir devenir propriétaires. En 1690, la misère était à son comble ; les finances étaient à bout, l'agriculture était ruinée, la dixième partie du peuple mendiait, les cinq dixièmes étaient hors d'état de lui faire l'aumône, les autres malaisés ; dix mille familles au plus parmi les nobles étaient à leur aise. C'est alors que La Bruyère a pu faire de l'état des campagnes la peinture que chacun sait. — On a répété bien souvent que cet état de choses était la suite des guerres du quatorzième, du quinzième et du seizième siècles, et l'on a eu raison si l'on a voulu dire que la marche du progrès, violemment et brusquement arrêtée par l'état de guerre, s'est traduite en un choc et en un cahot terribles ; on a eu tort si l'on a voulu prétendre que les désastres de la guerre l'expliquaient suffisamment.

L'expérience à la fois douloureuse et glorieuse que notre pays en a faite récemment suffit à le démontrer. « Ce qui
» avait mis la France aux abois au dix-septième siècle, ce qui
» jetait dans les âmes le plus amer dégoût, ce n'était pas l'hu-
» miliation des défaites, ni le prix dont il fallait les payer, ce
» n'était pas non plus l'espérance humaine trompée par un
» homme, c'était l'épreuve décisive d'une forme d'État pré-
» parée de loin par le travail des siècles, au profit de laquelle
» toute garantie de liberté avait été détruite (1). »

Dans tous les cas, quarante ans de paix n'avaient point fait renaître la prospérité ; et, en 1739, le marquis d'Argenson constatait la ruine croissante de la France et sa dépopulation continue. — En 1779, Louis XVI affranchit les mainmortables et détruit les dernières traces de servitude des paysans ; aussitôt recommence le mouvement qui fait écouler aux mains des vilains, et dont les édits de Turgot de 1774, 1775 et 1776 avaient déjà commencé la reprise, les immenses propriétés de la noblesse et du clergé. — Enfin, paraît le décret de la Constituante du 4 août 1789. Les paysans entrent dans la cité comme les plébéiens dans Rome.

Tout paraît être fait, toutes les libertés paraissent accordées; mais il manque un dernier gage à ces dernières libertés, l'impitoyable logique de notre esprit le réclame, et la France fait la dernière distribution de propriétés féodales et sacerdotales. Pour qu'elles ne puissent pas se reconstituer, on abolit le droit d'aînesse, on décide ou l'on généralise le partage égal. Et tout n'est pas fini. A partir de 1791, et surtout de 1815, la propriété se divise de plus en plus, et l'on peut, dès lors, prévoir le moment où la nation perdra l'exercice de la plus grande de ses libertés, de celle qui est la condition et le couronnement de toutes les autres, ou bien il faudra diminuer le cens électoral. Le dilemne se présente en 1848, mais le pouvoir le nie et refuse d'étendre le droit de suffrage. Alors se

____

(1) Guizot, *Essai sur l'Histoire de France.*

renouvelle la vieille alliance de la plèbe et des esclaves, des bourgeois et des serfs, et les petits propriétaires se recrutent de ceux qui n'ont rien. Chacun combat pour ce qui lui manque, pour ce qu'il désire le plus ; celui-ci pour la propriété, celui-là pour le droit de suffrage, et le suffrage universel éclate. Ainsi, pour les uns, le but était dépassé ; pour les autres, il n'était pas atteint. Cependant tous s'applaudissent ; les premiers comprennent qu'il n'y a pas de principe réel s'il n'est général, et qu'ils sont d'autant plus assurés du droit qu'ils viennent de conquérir, que ce droit existe désormais pour tout le monde ; les seconds sentent que le droit dont ils viennent d'être investis est un pouvoir, et ils espèrent le faire servir à leurs fins. En attendant, comme les voies du suffrage, même universel, sont lentes, les impatients essayent des moyens auxquels ils doivent les succès obtenus ; mais, cette fois, ils sont seuls ; les petits propriétaires restent sourds à leur appel, et leurs tentatives, répétées deux fois, avortent deux fois : en 1849 et en 1871.

Ce double échec est-il le signe certain de la rupture de l'ancienne alliance ? Cette rupture sera-t-elle définitive, et, dans ce cas même, peut-on espérer que les vaincus prendront leur parti de leur faiblesse, se résigneront à leurs défaites, et ne recommenceront plus leurs entreprises ? Ou bien, n'y a-t-il à opposer à leurs théories, que le mépris ; à leurs réclamations, que l'indifférence ? Telles sont les questions actuellement à l'ordre du jour, non pas seulement en France, mais chez tous les peuples, dans la mesure du progrès qu'ils ont pu accomplir dans la voie où nous les avons jusqu'ici devancés.

II

Le double mouvement, dont je viens d'esquisser le tableau, de la liberté et de la propriété dans l'histoire de la civilisation est un des faits que M. Guizot a le mieux mis en lumière dans ses *Essais sur l'Histoire de France*. Un autre fait sur lequel il insiste aussi avec beaucoup de soin, c'est l'immense et lente révolution, aujourd'hui accomplie en principe, qui se fit après la conquête des barbares, lorsque les Francs devinrent propriétaires. « Avant la conquête, dit-il, les relations des Francs » entre eux étaient purement personnelles. L'État, c'était la » famille, ou la tribu, ou la bande guerrière, sans que la pro- » priété territoriale, qui n'existait pas encore, fût un des » éléments de l'ordre social, et donnât lieu, entre les hommes, » à aucun lien, à aucun rapport. Après la conquête, les Francs » devinrent propriétaires ; il en devait résulter cette immense » révolution, que l'État fut formé, non plus seulement des » hommes, mais aussi du territoire, et qu'aux relations *per-* » *sonnelles*, les relations *réelles* se vinrent ajouter (1). » Si tel est et doit être, en effet, le caractère normal de l'État, toutes les révolutions dont j'ai essayé de présenter l'enchaînement, s'expliquent et se justifient ; ou plutôt, il n'y en a qu'une, celle à laquelle M. Guizot a assigné sa date véritable, et dont celles qui précèdent comme celles qui suivent ne sont que les préparatifs et les développements. Sans doute, il s'en fallait bien que les esclaves, les serfs et les Francs eux-mêmes com- prissent ce que c'est que l'État ; aucun ne s'en souciait et n'avait guère en vue que son bien-être ; mais comme le dit aussi M. Guizot : « Les événements sont plus grands que ne » le savent les hommes, et ceux-là mêmes qui semblent l'ou- » vrage d'un accident, d'un individu, d'intérêts particuliers, » ou de quelques circonstances extérieures, ont des sources » bien plus profondes et une bien autre portée (2). » C'est parce qu'ils souffraient de leur misère et du manque de liberté que les esclaves, les serfs et les paysans ont combattu ; mais c'est parce que l'organisation de l'État manquait à son carac- tère normal qu'ils souffraient. D'ailleurs, plus on avance dans

(1) *Essais sur l'Histoire de France.*
(2) *Essais sur l'Histoire de France.*

la série de ces révolutions, plus les motifs s'élèvent et se rapprochent du but. « L'État, c'est moi ! » dit en 1789 le tiers-
état, dont l'influence et les possessions territoriales s'étaient
lentement accrues par le partage égal, si limité qu'il fût. « Le
» territoire de la France, dans toute son étendue, est libre
» comme les personnes qui l'habitent, » dit la loi de 1791.
Ces idées prennent plus de précision en 1848. Cinq millions de
petits propriétaires représentent au roi qu'il n'y a pas de
liberté sans pouvoir, et que le droit de suffrage en est la seule
expression ; — que si l'on en prive les petits propriétaires, peu
à peu presque tous les Français en seront privés ; — car, grâce
à la loi de 1789, le nombre des grands propriétaires diminue
de jour en jour, tandis que celui des petits augmente et que
l'on retournera ainsi au despotisme. Ils ajoutent que si l'on
ne veut pas tenir compte de leurs droits personnels, l'on doit
considérer qu'ils représentent environ quinze millions d'hectares, et que l'on ne peut ainsi mettre hors de l'État un tiers
du territoire.

Mais, reprend la logique, on ne peut pas plus y mettre un
tiers, et même plus d'un tiers, des personnes : donc le suffrage
pour tous. C'est à cause de cela, c'est parce que le suffrage
universel n'est que la conséquence légitime d'un principe
juste, que l'on peut et que l'on doit le considérer maintenant
comme une institution inattaquable, bien plutôt qu'à cause des
obstacles matériels que l'on rencontrerait en cherchant à l'a-
broger. Il est vrai qu'en reconnaissant autant de pouvoir à
celui qui n'a rien qu'à celui qui possède, on a rendu les droits
du pouvoir à peu près illusoires et que les relations *réelles* se
trouvent ainsi compromises d'une façon dangereuse, mais
tout ce qu'il eût été possible de faire alors pour maintenir ces
relations c'eût été de chercher une combinaison telle que les
propriétaires eussent eu plus de pouvoir que ceux qui n'a-
vaient rien. La mesure n'aurait assurément rien eu que de très
juste ; et si ces derniers avaient cru leurs libertés menacées,
on pouvait leur répondre que la propriété leur était accessible

comme à tous. Toutefois, l'argument est au fond plus spécieux que sincère. Il n'est pas aussi facile qu'on le croit d'arriver en France à la propriété, à la propriété foncière ; il l'est encore moins, dans l'état actuel de nos institutions et au milieu de nos conditions sociales modernes, de la conserver. Être propriétaire ne dépend donc pas uniquement des efforts de chacun, et, pour cette raison, la réponse n'eût été qu'un biais dont l'oubli n'est pas trop regrettable. Mais ce que l'on ne saurait au contraire trop regretter, c'est de ne pas avoir été en mesure de la faire, de ne pas avoir prévu qu'on aurait un jour à la faire, c'est de ne pas avoir complété la liberté du territoire, inscrite dans la loi de 91, par des institutions civiles au niveau des nouvelles institutions politiques.

Malheureusement on ne pouvait prévoir, alors que le germe n'en existait pour ainsi dire pas, qu'une nouvelle puissance viendrait si prochainement compromettre une œuvre que l'on croyait accomplie. Le législateur de cette époque n'a pensé à affranchir que les terres de la noblesse et du clergé, parce qu'il n'y avait que la noblesse et le clergé qui les possédassent par privilége ou monopole et c'est beaucoup qu'il ait ainsi délivré la moitié du sol. Qu'importe, cependant, à l'État, à l'État tel que l'on vient de voir qu'il doit être défini et conçu, s'il faut maintenant rendre ce privilége au capital ? Tel est, en effet, le résultat de nos lois civiles, qu'il est, à richesse égale, plus difficile d'être propriétaire que capitaliste. Ce n'est pas seulement l'impôt foncier, dont rien d'équivalent n'affecte le capital, qui crée en faveur de ce dernier et au préjudice de la terre, une inégalité subversive des rôles que l'un et l'autre doivent remplir dans l'État, ce sont les droits énormes de mutation imposés seulement à la propriété foncière, qui en interdisent la conservation ou l'accès aux petits et détruisent, en son esprit et en ses effets, la loi de 91. Dans un livre que tout le monde connaît, M. Le Play a montré que dans certains cas, les frais de toutes sortes à payer pour la succession d'une propriété foncière pouvaient aller jusqu'à 97 pour 100 de sa valeur, et souvent la dépasser (1) et il rappelle, à l'appui de cette assertion, ce fait consigné dans le rapport du garde des sceaux en 1852, que mille neuf cent quatre-vingts ventes opérées, pendant l'année 1850, au-dessous de 500 francs, ayant produit ensemble 558,092 francs avaient occasionné 628,906 fr. de frais, c'est-à dire 12 p. 100 en sus de la valeur des biens vendus (2). Ce fait est confirmé pour 1870 par le rapport sur la justice civile qui vient d'être présenté à l'Assemblée. Ainsi nos lois civiles dépossèdent les petits propriétaires, découragent d'acquérir ceux qui ne possèdent pas encore (3) et la propriété du sol devient forcément le monopole des grands capitalistes, comme dans l'exemple du pays de Caux, cité par M. Le Play, où les terres appartiennent à présent aux riches industriels et aux grands commerçants de Rouen, Louviers, Elbeuf, le Havre, etc. (4).

C'est, on peut le dire, cette difficulté de la possession et de la possession de la terre qui seule inféode la personne à l'Etat et qui est ou devrait être le signe le plus fixe de la propriété, d'un côté ; et de l'autre, la tendance que le capital, par suite du privilége dont il jouit, semble avoir à usurper ce rôle qui ne saurait lui appartenir, aussi bien que les abus qui en sont résultés, c'est cet état de choses et les dangers qu'il renferme, qui forment actuellement le fonds essentiel des préoccupations générales. Mais, tandis que, pour y remédier, les uns proposent l'abolition du partage égal et la reconstitution des grands domaines et que les autres déclarent la guerre au capital et réclament la collectivité de la propriété, nous croyons, nous, que le seul moyen de conjurer ces dangers est de rentrer le plus tôt et le plus complétement possible dans l'esprit de la loi de 1848, de 91, de 89, et, pour

<hr>

(1) *La Réforme sociale en France.*

(2) *Réforme sociale en France.*

(3) Il faut remarquer que le nombre des petits propriétaires n'augmente pas sensiblement depuis 1828.

(4) *La Réforme sociale en France,*

mieux dire, de la grande révolution qui s'étendit du quatrième au neuvième siècle et que M. Guizot a si bien caractérisée.

Si l'on considère avec attention les époques et les circonstances qui ont été le plus favorables à la grande propriété, celles où elle a pu se former, celles où elle existe encore, on voit que la grande propriété ne peut vraiment être regardée que comme un état transitoire de la propriété. — Ainsi, à l'origine des sociétés, quand la population manque encore, c'est elle qui l'appelle et forme les premiers groupes; — dans un pays où la terre est pauvre, quasi stérile, c'est elle qui, par les grands moyens dont elle dispose, est seule capable d'en tirer parti et de la préparer à une plus grande valeur; — enfin, lorsqu'il se produit quelqu'un de ces grands bouleversements où tout semble sombrer : droit, justice, sécurité, comme à l'époque de la chute de la république romaine ou de l'invasion des Germains, c'est la grande propriété qui conserve et peut seule conserver l'idée et le droit de propriété.

La grande propriété a donc une mission qu'il serait injuste de contester et il faut lui savoir gré des services qu'elle a rendus à ce point de vue. Mais elle devient un contre-sens quand le droit et la justice ont remplacé la force et le despotisme et que la souveraineté se divise entre tous les citoyens d'une même contrée; elle devient un obstacle à l'accroissement de la population et de la richesse publique quand l'on commence à s'en plaindre et une cause de ruine si elle prolonge son action. C'est là destruction de la petite propriété qui a perdu la république romaine; mais c'est, au témoignage de Pline, la grande propriété qui a perdu l'Italie. «Toutes les fois, écrivait » Arthur Young en 1790, que vous rencontrez les terres d'un » grand seigneur, même quand il possède des millions, vous » êtes sûr de les trouver en friche. Le prince de Soubise et le » duc de Bouillon sont les deux plus grands propriétaires » de France; les seules marques que j'aie encore vues de leur » grandeur sont des jachères, des landes et des déserts.

» Ah! si j'étais seulement pendant quelques jours législa-
» teur de France, comme je ferais danser tous ces grands
» seigneurs (1). »

N'est-ce pas encore au plus beau temps de la grande propriété que se rapportent les plaintes de La Bruyère et du marquis d'Argenson? « Partout ailleurs qu'en Angleterre, dit
» M. de Lavergne, dont l'autorité ne sera récusée par per-
» sonne, c'est-à-dire en Espagne, en Allemagne, les très
» grandes propriétés ont fait plus de mal que de bien à l'agri-
» culture. » Et si elles n'en ont pas fait jusqu'ici en Angleterre, si même elles n'y ont fait que du bien, il nous en dit
aussi les raisons : C'est d'abord que la concentration de la
propriété en Angleterre n'est pas aussi grande qu'on se l'ima-
gine, que les grands domaines ne s'étendent que sur un tiers
du sol, que leur action ne se fait sentir que sur un quart environ; c'est ensuite que les terres immenses de l'aristocratie
britannique se trouvent dans les parties les moins fertiles,
dans le nord de l'Ecosse où ces terres ne valent que 100 francs
l'hectare; dans le comté de Northumberland, un des plus
montueux et des moins productifs. « C'est surtout, ajoute
» M. de Lavergne, dans de pareils terrains que la grande
» propriété est à sa place; elle seule peut y produire de bons
» effets. Mais on peut affirmer, surtout si on fait entrer l'Ir-
» lande dans le calcul, que les terres les mieux cultivées des
» trois royaumes ne sont pas celles qui appartiennent aux
» plus grands propriétaires............... Dans un des plus
» riches comtés, même au point de vue agricole, celui de
» Lancaster, c'est la moyenne et presque la petite propriété
» qui dominent............ On peut même trouver, non pas pré-
» cisément en Angleterre, mais dans une possession anglaise,
» l'île de Jersey et ses annexes, un pays où fleurit exclusive-
» ment la petite propriété. Les lois normandes sur la succes-

(1) *Voyage en France.* Trad. Lesage.

» sion, qui prescrivent le partage égal des terres entre les
» enfants n'ont pas cessé d'y être en vigueur, et l'effet inévi-
» table de cette loi, agissant depuis plus de neuf cents ans dans
» les étroites limites de cette petite île, a été de réduire tout le
» sol du pays en petites possessions. A peine pourrait-on
» trouver dans l'île entière une seule propriété de 16 hec-
» tares ; beaucoup varient de 5 à 15 et le plus grand nombre
» à moins de 6 hectares. L'agriculture en est-elle plus pauvre ?
» Non assurément, la terre ainsi divisée est cultivée comme
» un jardin ; elle est affermée de 250 à 300 fr. par hectare,
» et, dans les environs de Saint-Hélier, de 500 à 750 francs
» par hectare. Malgré ces fermages énormes, les cultivateurs
» vivent dans une abondance modeste, sur des étendues qui
» seraient insuffisantes partout ailleurs pour faire subsister
» le laboureur le plus pauvre. »

On peut d'ailleurs prévoir dès aujourd'hui les changements défavorables à la grande propriété, avantageux à la petite, que la liquidation de la dette hypothécaire dont on s'occupe depuis quelques années, feront subir au régime territorial de l'Angleterre.

En France, d'après M. de Lavergne, c'est dans les pays où domine la petite propriété que la culture est la plus avancée. Tels sont les départements du Nord et du Bas-Rhin et presque tous les cantons riches des autres départements. « Si, dit-il, on
» sépare la France de l'Est à l'Ouest en deux parties égales,
» on trouvera que la moitié septentrionale produit 120 francs
» par hectare contre 80 francs dans la moitié méridionale où
» la propriété est beaucoup moins divisée. — La même supé-
» riorité de la petite propriété se reproduit dans d'autres pays,
» en Belgique, dans l'Allemagne rhénane, dans la haute
» Italie, en Espagne et jusqu'en Norwège. » Mais le plus re-
marquable exemple que l'on puisse citer est sans contredit celui de la Chine, où la densité absolue de la population est de

(1) Bulletin de la société de Géographie.

trois habitants par hectare (1), et s'élève dans certaines pro-
vinces jusqu'à neuf et dix, jusqu'à douze et quatorze même dans
un grand nombre de districts, tandis que la propriété est mor-
celée comme elle ne l'est nulle autre part au monde (1). Par
contre, les inconvénients de la grande propriété sont si réels
et si généralement reconnus au point de vue du développement de la population, que dans un pays de formation anglaise, qui n'existait pas il y a cent ans et que sa rapide prospérité signale à l'attention de tous les autres peuples, en
Australie, les lois sont, depuis vingt ans, dirigées contre les
grands domaines qu'elles découragent par tous les moyens,
tandis qu'elles favorisent de tout leur pouvoir la création de la
petite propriété. Peut-être même pourrait-on leur reprocher
un peu de précipitation, puisqu'après tout, dans une colonie
comme celle de la Nouvelle Galles du Sud, par exemple, on
ne compte encore que six cent mille habitants pour cent millions d'hectares, si ces lois n'étaient aussi dictées par un autre
motif que l'expérience paraît avoir suffisamment justifié aux
yeux des Anglais d'Australie, à savoir : Le danger, sans com-
pensation, au point de vue du droit et de la liberté, de la
grande propriété dans un État où règnent le droit et la liberté,
le danger d'un régime territorial incompatible avec la souveraineté nationale et le suffrage universel. Ainsi, il demeure
établi, par les témoignages les plus divers, que la petite propriété doit être considérée comme la dernière forme de la
propriété pour les États riches, populeux et libres. Dès lors la
question du partage égal et de la liberté testamentaire est
simplifiée. Chercher à reconstituer la grande propriété par un
privilége quelconque, que ce privilége résulte du droit d'aînesse légal ou du choix du père de famille libre de tester, c'est
méconnaître les besoins des sociétés modernes et vouloir re-
monter le courant de la civilisation. Ce serait d'ailleurs, à en
juger par ce qui a lieu dans les pays où la liberté testamentaire

____

(1) Carte agricole de la Chine. *Bulletin de la Société de Géographie,* 1871.

existe, s'exposer de plus à de grandes déceptions. Le droit d'aînesse qui n'a jamais été qu'un privilége artificiellement créé pour conserver la terre aux mains de ceux qui comptaient seuls dans l'Etat, afin qu'il n'y eût « *point de seigneur sans terre, et point de terre sans seigneur,* » diparaît tout seul, en effet, quand les seigneurs s'en vont et que le droit redevient naturel. En Angleterre même il perd sensiblement du terrain; en Amérique et en Australie, les mœurs l'ont tout-à-fait répudié. Espérer qu'elles l'adopteront en France d'où s'est précisément propagée dans le monde la vieille coutume normande de l'égalité des partages à laquelle nous devons notre glorieux tiers-état de 89, ce serait à la fois espérer contre l'histoire et le génie de la nation. — Quant au partage égal, après avoir vu les conditions de richesse, de population et de liberté dont il implique l'existence, il paraîtra peut-être inutile de le justifier des reproches de ses adversaires. Il en est pourtant deux qui ne sauraient trop être combattus. On assure que le partage égal forcé finit par tellement morceler la propriété qu'elle la réduit à des proportions infinitésimales insaisissables. On prétend que la division obligatoire est cause du ralentissement du mouvement de la population en France; et, paraphrasant un mot du docteur Johnston qui disait que « l'avantage du droit d'aînesse est de ne faire qu'un sot par famille, » on affirme que, grâce à la divison obligatoire, il n'y a plus dans les familles que des aînés sans cadets. Cette dernière imputation qui serait la plus grave, est heureusement facile à refuter. L'on ne voit pas d'abord que le ralentissement de la population soit un fait général dans les pays qui ont adopté notre régime successoral. Si c'est en France que la population augmente le moins, c'est en Belgique qu'elle augmente le plus. En Chine, où sa densité et la division du sol semblent avoir, depuis longtemps déjà, dépassé toute limite possible, elle est allée de 312 millions à 537 dans l'intervalle de 1842 à 1858. L'on ne peut assurément pas citer ici le prodigieux accroissement de la population des États-Unis et de l'Australie; il est du moins

2

permis de constater qu'on n'y compte guère de ménages ayant moins de quatre enfants et qu'il y en a un grand nombre de plus de huit. Si l'on objecte qu'en Australie ou aux États-Unis la richesse est plus facile à acquérir, l'on aura peut-être raison, et l'on aura trouvé du même coup la véritable explication de la stérilité relative des ménages français. L'on ne comprend pas bien, en effet, les craintes ou les motifs qui pourraient engager un père de famille à mesurer le nombre de ses enfants à l'étendue de sa propriété territoriale plutôt qu'à l'importance de sa propriété mobilière, s'il en possède une, et s'il n'en possède pas pourquoi le partage égal en serait rendu responsable. C'est, croyons-nous, à d'autres causes plus générales qu'il faut attribuer le fait dont il s'agit. Quelque petite que soit une propriété rurale, son détenteur y trouvera, s'il peut la féconder par le revenu d'une fortune mobilière, plus de moyens d'élever sa famille qu'un grand propriétaire obéré, quelque vaste que soit son domaine. Malheureusement c'est ce capital ou ce revenu qu'il est difficile au propriétaire, grand ou petit, d'acquérir, mais sur la nécessité duquel le petit peut, moins longtemps que le grand, entretenir d'illusions.

La concentration des industries qui, de plus en plus, désertent les campagnes, ne lui permet pas de trouver dans un atelier voisin un salaire de ses journées disponibles, plus élevé que celui qu'il peut obtenir en se louant à un grand cultivateur; et la concentration du capital, conséquence de la précédente, lui en rend l'accès si coûteux que presque toujours, s'il l'aborde, il est perdu. C'est ce double phénomène, sensible surtout depuis le développement si brusque que le commerce et l'industrie ont pris en France depuis un certain nombre d'années, qui est la source réelle du mal qui s'est, précisément depuis le même temps, manifesté d'une façon si inquiétante. — Quant à la destruction de la petite propriété ou plutôt des petits propriétaires (puisque la petite propriété se crée et se renouvelle à chaque décès), ce qui vient d'être dit de la gêne du propriétaire rural, montre ce qu'il faut en penser.

Elle résulte d'une part de l'instabilité de la propriété qui ne fait, pour ainsi dire, que passer entre les mains du détenteur sans argent, et de l'autre, des frais énormes de mutation dont nos lois fiscales la surchargent. Voilà les deux fléaux qui doivent attirer l'attention du réformateur, et non le partage égal dont le dernier effet, trop lointain encore s'il doit se réaliser, serait, après tout, de conduire la France avec ses neuf millions de familles et ses cinquante millions d'hectares, à la situation, point du tout à dédaigner, où se trouve Jersey.

La locomotive la mieux construite peut occasionner de graves accidents si elle rencontre des obstructions en sa route; il est de même du partage égal; le plus sage est de dégager ses voies, c'est ainsi que l'on en obtiendra tous les bons résultats.

L'autre grand obstacle que l'on signale à la possession du sol, c'est le capital, et il est encore plus facile à disculper que le partage égal. En lui-même d'abord et dans ses origines, il n'est pas autre chose que le produit accumulé du travail. Rien n'est plus pur. Seulement, comme la terre n'était pas aussi libre que lui, qu'elle était frappée de charges de toutes sortes qui ne l'atteignaient pas, il a fui la terre pour ne pas y être incorporé et a cherché de l'emploi d'un autre côté. C'est un malheur, mais quoi de plus légitime? Si la terre eût été comme alors à Jersey, il ne serait pas parti, parce qu'en ce temps-là les profits de l'industrie n'étaient pas beaucoup plus forts que ceux de l'agriculture, et la rente du sol serait peut-être aujourd'hui de 300, de 500, de 750 francs comme à Jersey, et personne n'aurait à se lamenter, et le capital serait encore là, car nulle part il ne pourrait trouver à la fois plus de profit et plus de sécurité. C'est maintenant un grand seigneur qui gagne beaucoup d'argent dans les mines, dans les forges, dans les chemins de fer, dans les filatures, dans le commerce, etc., tandis que la terre en est à peu près toujours au même point, si même elle ne s'est endettée. Plus on va, plus la distance qui les sépare l'un de l'autre grandit. Comment la diminuer? Comment le faire revenir? Par l'intérêt, il en coûte cher; par la force, il n'y faut pas songer. Et, d'ailleurs, faut-il qu'il soit enchaîné parce que la terre n'est pas libre; en quoi le mal de l'un guérirait-il celui de l'autre?—Un homme a besoin d'un autre homme qui, lui, n'a guère besoin du premier et qui, se trouvant libre, marche toujours tandis que celui-ci, retenu en place, ne peut faire un pas; comment faire pour qu'il rattrape l'autre? Arrêter le premier, disent les socialistes, rendre le mouvement au second, répondra tout le monde, sauf à l'aider ensuite d'autre manière. C'est à ce dernier moyen qu'il faut s'en tenir et revenir, il semble, le plus tôt possible si on l'a oublié. Quant à la collectivité de la propriété, ou à la communauté des terres, ou au partage des biens, on jugera sans doute inutile de s'attarder à les discuter ici; il peut cependant ne pas être inutile de noter le sentiment qui a inspiré toutes ces théories. On l'a appelé la convoitise de la propriété, et il est certain que ce n'est pas autre chose; n'est-il pas toutefois possible que, sous cette forme détestable, ce sentiment ne traduise, à l'insu de ceux qui l'éprouvent, que le malaise et l'inquiétude qui suivent toujours la violation des règles éternelles et comme le besoin instinctif de rentrer dans une voie d'où l'on n'aurait jamais dû s'écarter.

III

L'Etat ne se compose pas seulement des personnes d'un côté et des terres de l'autre, mais il résulte de la fusion intime des unes avec les autres. — La royauté qui, la première, les sépara, en s'attribuant le droit de faire des bourgeois partout, de faire des *personnes* d'individus qui ne possédaient pas le domicile auquel la bourgeoisie était attachée, est certainement une des plus grandes causes des désordres qui ont, depuis, existé dans les esprits et dans les institutions. Au contraire, si l'on étudie avec attention les peuples, petits ou grands, républicains ou monarchistes les plus épargnés par les révolutions, on voit que ce sont ceux qui sont restés le plus fidèles à ce principe. S'il en est ainsi, l'on ne saurait écarter avec trop de soin, des coutumes ou des lois, toutes les circonstances capables de le fausser. La première entre toutes, dans un État libre, est l'établissement d'un impôt soit sur la terre, soit sur la personne. En théorie, ni l'un ni l'autre ne devraient exister dans un État libre, puisque l'Etat résulte de la combinaison intime de la terre et de la personne ; et, en fait, il y a beaucoup de pays parmi les plus modernes et les plus libres où il n'existe pas. On pourrait peut-être faire remarquer à cette occasion que depuis la chute de l'empire romain qui, dans les derniers temps et alors qu'il était aux abois, avait soumis la Gaule à l'indiction et à la capitation, jusqu'à Charlemagne, c'est-à-dire pendant tout le temps que dura la révolution qui donna à l'État son nouveau caractère et sa véritable valeur, ni l'un ni l'autre de ces impôts n'ont été connus en France. L'on pourrait peut-être encore faire remarquer qu'il n'y en a aucun dont l'établissement (qui, vainement tenté une première fois sous Chilpéric, ne devint définitif que sous Charles VII) ait coûté plus de peine, demandé à la fois plus d'artifice et de constante volonté, soulevé plus de protestations. Mais, laissant de côté un ordre de choses qu'il serait sans doute, après une pratique de plus de quatre siècles, imprudent ou inutile de vouloir changer, il est, dans la façon dont-ils sont actuellement établis, une disposition, datant seulement de la fin du dix-huitième siècle, qu'il ne serait peut-être pas impossible de modifier à l'avantage de la propriété. C'est ce que l'on pourrait appeler la dualité de l'impôt, c'est-à-dire sa division en personnel et en foncier. Cette distinction de la personne et du sol, tout à fait contraire au principe de l'Etat, a eu les funestes conséquences qu'elle devait avoir. — Quand l'on dit que l'État n'est pas autre chose que l'intime combinaison de la personne et de la terre, ce n'est pas une simple abstraction que l'on exprime, mais un fait réel sans lequel on ne peut concevoir la terre ou la personne. Du moins, l'ancien régime, le régime de 1444, était logique dans son esprit étroit : si l'on ne possédait pas, l'on ne comptait pas. Il se serait bien gardé surtout de décomposer celui qui possédait. C'est pourtant ce qu'a fait le dédoublement de l'impôt. A dater de cette époque, il y eut, sans parler des individus qui ne possédaient pas, deux classes dans les *personnes,* les personnes propriétaires et les personnes complétement abstraites dont on supposa l'existence sans la possession, et auxquelles, par une suite naturelle, vinrent s'ajouter, en partageant leurs droits, les individus qui n'avaient réellement aucune relation avec le sol et qui se sont trouvés par là exempts des charges qu'il impose aux premiers. Si donc il était écrit que tous les sujets français deviendraient un jour des *personnes,* des *personnes politiques* ayant les mêmes droits, sans participer aux mêmes devoirs ou aux mêmes charges, on voit que cette dualité de l'impôt n'était pas faite pour l'éloigner. — Ce n'est pas tout. Cette création nouvelle de la taille personnelle qui, par une sorte de logique latente, devait rapidement conduire à l'égalité politique, séparait, en attendant, l'intérêt de la terre de l'intérêt de la personne : « La taille » personnelle, dit Adam Smith, est un impôt sur les profits » présumés du fermier, qui s'évaluent d'après le capital qu'il » a sur sa ferme. L'intérêt de celui-ci est donc de paraître en » avoir le moins possible, et, par conséquent d'en employer » aussi peu que possible à la culture et point du tout en amé- » liorations. Si un fermier français peut jamais parvenir à » épargner un capital, la taille équivaut presque à une prohi- » bition d'en faire jamais emploi sur la terre. »

La façon dont les contributions personnelles ont été réglées par la Constitution de 1791, et la façon dont elles sont perçues ont fait disparaître aujourd'hui ce dernier inconvénient ; mais il n'en est pas moins vrai que, pendant trop longtemps, deux causes à la fois ont contribué à ce funeste résultat, d'éloigner le capital, et, par conséquent, l'homme de la propriété rurale. Il est bien tard pour les y ramener maintenant qu'ils ont pris, le premier surtout, une autre direction. Il est bien tard aussi pour supprimer des impôts auxquels on s'est habitué (quelqu'injustes et calamiteux qu'on arrive à les reconnaître), et qui rapportent au Trésor des revenus que l'on ne saurait remplacer sans quelque embarras ; et cependant il est certain que ce serait le seul moyen de reconstituer, autant que possible, l'État, la propriété et l'agriculture dans leurs conditions normales. Cela ne rappellerait pas le capital parti. Cela ne le rappellerait pas tout de suite ; mais on retiendrait en attendant sur la terre celui que l'impôt lui enlève chaque année, et l'homme s'y rattacherait d'autant. Cela vaut pourtant la peine que l'on examine la question pour l'avenir, si le présent ne permet pas que l'on fasse aucune réforme de cette sorte, et l'exemple de certains peuples, de ceux précisément dont la forme gouvernementale et les idées démocratiques se rapprochent le plus des nôtres, semble fait pour nous y inviter. Ni aux États-Unis, ni en Suisse, ni en Australie, l'impôt foncier n'existe, et s'il existe en Angleterre trois ou quatre fois plus fort même qu'en France, c'est qu'au fond les propriétaires anglais sont les premiers des capitalistes et que la rente et le revenu (1) y sont tellement confondus, qu'il est presque impossible d'atteindre l'un sans l'autre. S'il est chimérique de chercher à se passer des 169 millions de l'impôt foncier, et chimérique même de chercher à les remplacer, ne pourrait-on du moins dispenser d'y contribuer les petites propriétés de deux ou de trois hectares, ou bien, si cela ne se peut pas, serait-il trop difficile de supprimer les contributions personnelles qui atteignent les propriétaires, et, parmi eux, les petits. On rendrait ainsi à la terre 25 ou 30 millions qui lui seraient d'un grand secours. Enfin, il est une autre réforme dont l'urgence est re-

---

(1) J'appelle rente le revenu de la terre, et simplement revenu celui du capital.

connue depuis plus de vingt ans, c'est celle qui est relative
aux droits de successions, de mutations et d'hypothèques dont
il a déjà été question. On a vu que cet impôt absorbait, et au-
delà, la valeur des petites propriétés, de telle sorte que la
propriété se fragmentant sans cesse par suite des décès, il arrivera que, dans un temps que l'on pourrait déterminer, tout le
sol de la France aura été confisqué par la loi sur ses véritables
possesseurs, racheté par d'autres, reconstitué en propriétés
plus ou moins grandes, redivisé, reconfisqué, et toujours ainsi
jusqu'à ce que l'on se décide enfin à le supprimer complète-
ment. Les communistes eux-mêmes n'imagineraient pas mieux,
et même l'on peut dire qu'ils sont de beaucoup dépassés, car
dans leur système, la terre, reprise une fois par l'État, ne doit
plus être rachetée par des particuliers, et, somme toute, ils
ne..... dépossèdent qu'une fois.

Il y a dans le monde deux pays où ce genre de rotation,
très ingénieux mais peu économique, passe pour être devenu
une véritable institution; c'est la Turquie et la Chine. Quand
un pacha ou un mandarin, se sont suffisamment enrichis dans
l'administration d'une province ou d'un district, on dit qu'on
les rappelle à la capitale, qu'on les met en disgrâce et qu'on
ne les replace que quand ils ont tout dépensé. N'est-ce pas
ce que fait la loi française? Il faut noter que, si pour les
grandes propriétés cette spoliation (1) demande un temps plus
long elle est néanmoins immanquable ; cela dépend uniquement-
ment de la proportion des droits qu'elles ont à payer à chaque
mutation.

On ne saurait concevoir un abus plus criant, une plus grave
atteinte aux fondements de l'Etat et au droit de la propriété.
Aussi se fait-on difficilement une idée d'une réforme qui en
principe serait autre chose que la pure et simple abolition des
droits dont il s'agit, remplacés seulement par une faible in-

(1) Tout impôt est spoliateur quand il dépasse le revenu et atteint le
capital.

demnité d'enregistrement. C'est là, on n'en peut douter, une des causes les plus considérables de la dépopulation des campagnes dont on se plaint avec tant de raison. Tant que le paysan possède, ce qu'il possède, ne fût-il qu'un lambeau de quelques ares, il y tient, s'y cramponne, et ce lopin devient comme l'axe de cristallisation où viennent peu à peu se grouper toutes les parcelles qu'il peut acheter et dont la possession devient le but de son travail, et, pour ainsi dire, la raison de son existence. Lorsque la loi impitoyable et cruelle lui a tout enlevé, qu'il n'a plus rien que des dettes peut-être, et ses bras, ce qu'il a de mieux à faire en effet, c'est de les louer au plus haut prix possible, et, pour cela, il va à la ville. Ainsi se recrute à chaque liquidation une classe d'hommes sans feu ni lieu, qui, changeant sans cesse de séjour et d'atelier, mènent au milieu de la société qu'ils menacent, la vie errante et aventurière des vagabonds du neuvième siècle. Ainsi s'opère sous nos yeux une désorganisation que semblent activer les libertés nouvelles et les puissantes sollicitations d'un progrès industriel plein de promesses. — Cependant si les vices qui viennent d'être indiqués dans nos lois fiscales, si contraires à l'esprit de la grande révolution dont 91 a été la plus haute expression, expliquent le mal jusqu'à un certain point, les réformes demandées ne suffiraient plus à le faire disparaître ou n'agiraient plus assez vite pour écarter le péril plus grand encore qu'il recèle.

La propriété, la propriété rurale qui est par excellence la propriété (1) implique des conditions d'ordre, de régularité,

---

(1) La propriété rurale n'est sans doute pas la seule forme de la propriété ; je dis seulement qu'elle est, DANS L'ETAT, la forme par excellence de la propriété, car c'est elle qui est la garantie la plus immuable de la liberté, de l'ordre, de la sécurité et de la stabilité. — Quelles sont par excellence les classes de citoyens les plus conservatrices, les plus intéressées à la durée des gouvernements, sinon les classes rurales ? — Au contraire les capitalistes uniquement préoccupés de leurs revenus et de l'augmentation de leurs revenus, tout prêts à les transporter là où l'appât est le plus fort, à l'étranger aussi bien que dans leur propre pays, pareils, eux aussi, aux aventuriers et aux vagabonds du neuvième siècle,

de travail, de patience surtout, dont la plupart de ceux qui la réclament ne se doutent plus ou dont ils ont depuis longtemps perdu l'habitude, et il serait puéril d'espérer qu'ils y reviendraient tout seuls, même avec les lois fiscales les plus douces. D'un autre côté, parmi ceux pour qui la propriété est autre chose que la source des jouissances physiques et qui se sont tournés du côté du commerce ou de l'industrie, bien peu reviendraient aux profits plus modestes de l'exploitation rurale. La question est donc, non de rappeler à la propriété rurale ceux qui s'en sont éloignés, à moins qu'on ne puisse les y attirer sans porter atteinte à leur liberté ou à leurs intérêts, mais par-dessus tout d'y retenir ceux que la loi actuelle en expulse.

La chose n'est point impossible. En quoi, par exemple, une loi qui rendrait inaliénables les héritages de ceux à qui le fisc les prend aujourd'hui, léserait-elle les intérêts et la liberté de

et cédant aux réclames les plus trompeuses, les transportent d'industries en industries, de pays en pays, au Mexique, en Espagne, en Allemagne, et cessent peu à peu de s'intéresser à la prospérité de leur patrie. C'est parmi ceux-là qu'on en trouve qui désirent le retour d'un régime où, au milieu des plus folles entreprises, on pouvait pécher au plus fort revenu. — On a dit que ce cosmopolitisme des capitaux était un des principaux éléments de la paix universelle. Rien ne le prouve jusqu'ici. Tout démontre au contraire que le meilleur moyen d'être en paix avec tout le monde est de tirer sa force de soi-même, de créer en soi-même les éléments de la force ; à savoir : la richesse et la population. L'idéal, dans l'Etat, serait que chacun fût à la fois propriétaire et capitaliste. La seconde forme de la propriété la plus favorable à l'Etat est la propriété industrielle, mais elle ne vient, à mon avis qu'après la propriété rurale. Dans un état où la propriété rurale n'est pas considérée comme la propriété normale, l'industrie peut prendre des développements exagérés eu égard à la consommation, même étrangère. Ce qui se passe en ce moment même, en est un exemple frappant. Le marasme actuel de notre industrie résulte en effet du manque de débouchés qui n'augmentent pas en raison de la production industrielle. Ces embarras, ces encombrements périodiques ne seraient pas à craindre si la propriété rurale était plus générale, d'abord parce qu'il y aurait moins d'habitants se livrant à l'industrie dont le développement trouverait ainsi ses limites naturelles ; ensuite, et surtout, parce que la vie rurale est beaucoup plus favorable que la vie des ateliers à l'augmentation de la population et par conséquent de la consommation.

leurs propriétaires. On objectera peut-être que cela les empê-
chera d'emprunter, mais l'atteinte est-elle plus grave que celle
qui les prive du gage sur lequel ils emprunteraient. Et d'ailleurs cet obstacle à l'emprunt serait un véritable service qu'on
leur rendrait. Au lieu d'hypothéquer leur bien; ils le loue-
raient sauf à le reprendre pour l'exploiter eux-mêmes ou leurs
enfants lorsqu'ils seraient devenus plus riches. Et ils y reviendraient naturellement et nécessairement pour deux motifs : le premier, parce que le bien étant inaliénable et se trans-
mettant toujours dans la même famille, il arrivera un jour
qu'un des membres de la famille sera devenu assez riche
pour l'exploiter lui-même : le second, parce qu'il est presque toujours plus avantageux de faire valoir son champ
soi-même que de l'affermer. Ainsi, ces dix-sept ou dix-huit
mille lambeaux de terre (car presque toutes ces ventes se font
dans les campagnes) qui sont judiciairement vendus chaque
année retiendraient un certain nombre de paysans sur le sol,
et dans tous les cas, ils n'y seraient pas absolument étrangers.
Vienne un temps meilleur, ils se rappelleront, eux ou leurs
petits-enfants, qu'il est en France un coin de terre qui garde
leur nom et leur souvenir. — Mais, dira-t-on, si une loi sup-
prime les frais de mutation, que devient le motif sur lequel
l'État fonderait son nouveau droit d'empêcher la vente des petits héritages? La réponse est facile. « Comment doncques di-
» saient au législateur de Platon les citoyens de sa république,
» sentant leur fin prochaine, ne pourrons-nous point disposer
» de ce qui est à nous à qui il nous plaira. O dieux ! quelle
» cruauté, qu'il ne nous soit loisible, selon que les nôtres nous
» auront servi en nos maladies, en notre vieillesse, en nos
» affaires, de leur donner plus et moins selon nos fantaisies ! »
A quoi le législateur répond en cette manière : « Mes amis,
» qui avez sans doute bientôt à mourir, il est malaysé que vous
» vous cognoissiez et que vous cognoissiez ce qui est à vous.
» Moy qui foys les lois, tiens que vous n'estes à vous ni n'est
» à vous ce que vous ïouissez. Et vos biens et vous estes à vo-

» tre famille tant passée que future, mais encore plus sont au
» publicque et votre famille et vos biens (1). »

La raison de toutes les lois et de tous les droits publics,
c'est en effet l'intérêt général en tant qu'il n'est pas contraire à
la justice, et, dans l'espèce, notre loi actuelle qui interdit au
père de famille la libre disposition de tous ses biens n'a pas
d'autre fondement que le sentiment qui inspirait le législateur
de Platon. Mais comme par suite d'un scrupule assez difficile
à comprendre, elle s'est arrêtée dans l'expression de son désir,
il en résulte que les enfants peuvent dilapider un bien qui ne
leur appartient que par le hasard de la naissance, tandis que
le père qui l'a péniblement acquis, est privé du droit d'en disposer, ce qui est aussi inutile au bien public qu'absurde et
injuste à tout autre point de vue. L'injustice disparaît au contraire si l'on rentre dans l'esprit de la loi pour qui la famille
est d'une bien autre importance que l'individu, et si on lui
donne tout son développement. Si donc l'intérêt général exige
que l'on réforme les lois fiscales en vue de la conservation
de la propriété, l'Etat ne peut faire cette réforme que dans
le sens le plus directement favorable à cette conservation. La
seule objection sérieuse qui puisse être faite, non quant à la
justice du projet de loi dont il s'agit ici, mais quant au but
proposé, c'est qu'elle serait peut-être sans beaucoup d'efficacité
à cause de l'exiguité des parcelles qu'elle rendrait inaliénables.

Ce qui précède y a déjà répondu en partie ; mais si l'on
était en [effet arrêté par cette considération, quoi de plus
simple que d'étendre la défense d'aliénation aux héritages
dont la vente, sous le régime actuel, fait perdre aux propriétaires, la moitié, le tiers, le quart, le cinquième de leur valeur !
Pense-t-on que les propriétaires se récrient beaucoup contre
une telle violence? N'auront-ils pas plus d'avantages à affermer
leurs héritages qu'à les vendre à pareille perte? L'objection
se réduit donc à une question de proportionnalité qu'il reste-

(1) Montaigne,

rait à étudier, tout en n'oubliant pas que le but de la loi serait d'arriver, dans le plus court temps possible, à rendre tout le monde, c'est-à-dire toutes les familles, propriétaires, ainsi que le réclament les plus graves intérêts du pays. On voudrait peut-être savoir ce que représenterait, en surface, la valeur des terres ainsi réservées. Or, si l'on prend pour base d'appréciation l'étendue de terrain aujourd'hui nécessaire à l'entretien d'une famille française, on arrivera à une moyenne de deux à trois hectares environ, soit 100 francs par hectare, ainsi que l'établit M. de Lavergne, qui ne compte ici que le produit propre de là culture.

La moyenne de la petite propriété actuelle est de trois hectares, mais elle semble déjà au-dessus du strict qu'il faudrait assurer. On pourrait donc estimer à deux hectares l'étendue du lot réservé de chaque famille, et comme il y a en France environ neuf millions de familles à présent, ce serait dix-huit millions d'hectares qui, peu à peu, constitueraient ensemble le domaine sacré, inaliénable et insaisissable, de toutes les *personnes* de l'État, et où, divisées, chacune trouverait le gage individuel, la condition et la limite naturelle de ses libertés. Il n'y a d'ailleurs rien dans un tel projet qui puisse rappeler l'indivisibilité des terres, qui, en Autriche, n'a pour effet que de maintenir la grande propriété, sans cependant l'empêcher de changer de main, puisqu'on se propose ici la généralisation de la propriété, et qu'on n'en arrête la division qu'au point où elle compromet à la fois la famille et l'État. Il se rapprocherait plutôt des coutumes écossaises à l'égard des substitutions, mais il en diffère en un point essentiel, c'est qu'il ne rend les emprunts impossibles, qu'au moment où la division les rend déjà impossibles ou dangereux ; et, si son plus grand inconvénient était, comme en Ecosse, de remplacer par un fermier riche à qui l'on ferait un bail un peu long, un propriétaire sans ressources, on ne voit vraiment pas ce qu'il y aurait à regretter, d'autant plus que les intérêts de celui-ci ne cesseraient pas d'être attachés à la propriété.

Quant aux autres rapports que l'on pourrait établir entre ce projet et les coutumes de l'Écosse, on ne peut vraiment, si l'on connaît ce pays où si l'on en a lu la description de M. de Lavergne, que désirer qu'ils se justifient jusqu'en leurs derniers effets. Un passage de son livre fait d'ailleurs espérer qu'on les obtiendrait facilement. « L'étendue moyenne des fermes s'est » accrue, dit-il, sans être encore bien grande puisqu'elle ne dé- » passe pas soixante ou quatre-vingts hectares, et les fermiers » forment à eux seuls la moitié de la propriété rurale ; les jour- » naliers et domestiques ne font que l'autre moitié. Dans cette » seconde moitié, les domestiques payés à l'année et vivant près » du maître dont ils partagent les travaux, forment de beaucoup » la majorité ; les journaliers proprement dits font plutôt l'ex- » ception que la règle. Cette organisation me paraît supérieure » à celle de l'Angleterre, où les hommes qui vivent unique- » ment de leurs salaires sont encore trop nombreux, et elle » est plus facile à imiter en France que l'organisation an- » glaise. Nous avons de plus un élément qui manque à » l'Écosse, et que je persiste à regarder comme utile dans » une certaine mesure, la petite propriété. Avec la petite pro- » priété, pourvu qu'elle ne soit pas poussée trop loin, et que la » culture soit bien constituée à d'autres égards, on peut arriver » à une combinaison meilleure encore (1). »

Ainsi l'agriculture s'améliorerait ; les terres, par suite de cette amélioration et de la demande plus grande qui en serait faite en raison de celles que la loi retirerait de la vente, prendraient une plus grande valeur, et l'Etat recouvrerait bientôt et au-delà, la valeur des sacrifices que la réforme fiscale lui aurait d'abord imposés.

Alors, les relations de la personne et de la terre étant rétablies, la loi, la grande loi que nous recherchions à travers toutes nos révolutions, et dont les seigneurs du moyen-âge s'étaient réservés la connaissance, serait complète car elle serait la loi

____

(1) *Économie rurale de l'Angleterre.*

de tous. Le mot de la féodalité : « Point de seigneur sans terre ;
» point de terre sans seigneur » (1); devenant le mot de chacun,
les électeurs ne forment plus qu'un corps compact où tous les
intérêts essentiels sont communs, et le suffrage universel est
sans danger.—Est-ce tout? Non; on s'est bien souvent, et avec
raison, plaint de la disparition des mœurs publiques en France,
de la perte des traditions, de l'absence du respect pour toute
autorité, des défaillances du sentiment patriotique et de l'af-
faiblissement du sentiment religieux. C'est en effet que toutes
ces choses se tiennent et que toutes se rattachent à la famille.
Point d'électeur sans terre ; point de religion sans autel ; point
de famille sans foyer. — Et où était le foyer? Où peut-il être
sans la propriété? Et qu'était-ce que la propriété, sinon un
privilége destiné à provoquer les divisions et l'hostilité, à disparaître par conséquent.

Ainsi en est-il arrivé de la terre salique et de la terre féodale. Mais que l'on fasse de la propriété un principe ; qu'on la
rende fixe et générale — car il n'y a pas de principe là où rien
n'est fixe ni général — et l'on verra renaître avec plus de force
que jamais l'ordre, la paix, la sécurité, les mœurs, le sentiment
religieux, qui, dans d'autres siècles, n'ont jamais existé, quoi-
que l'on dise, qu'à l'état de précaires exceptions.

Le foyer rendu à la famille et la stabilité au foyer, la famille
reprend son véritable caractère, sa dignité, sa valeur. Le foyer,
dépôt sacré reçu des aïeux pour être transmis à la postérité,
rétablit, entre le passé et l'avenir, ce lien sans lequel toute idée
de famille est fausse et incomplète et renoue les traditions de
chacune à l'histoire nationale.

(1) Il est remarquable que, dans l'origine, la terre féodale qui for-
mait par excellence la réserve du droit d'aînesse n'était pas plus étendue
que celle que l'on propose ici de réserver à chaque famille. Elle ne com-
prenait, en effet, avec le manoir paternel, que la surface de terre que
pouvait couvrir le *vol d'un chapon.* C'est par abus que cette réserve est
devenue, bien malheureusement, on le voit, de plus en plus exclusive.

Paris. — Typ. Balitout, Questroy et Ce, 7, rue Baillif.

www.ingramcontent.com/pod-product-compliance
Lightning Source LLC
LaVergne TN
LVHW050322030726
842520LV00005B/1722